별들이 노크해도 난 창문을 열 수 없고

김숙영 시집

■ 시인의말

몸서리치게 시가 나를 껴안았다

심연에서 꿈틀거리던 고백과 착란

열병과 통각(痛覺)을 부추겼다

불온과 불안과 불면이 밤을 아프게 했다

나를 빠져나온 시어들이

트라우마를 잊은 채 떠돌길 바란다

2023년 1월
김숙영

차례

1부 카오스

별지화(別枝畵) 10
채낚기 12
소요(逍遙) 14
저수지 16
신의 예보 18
오늘 나는 나를 쓴다 20
발치 22
다정한 점괘 24
쉰다리 26
결벽 증후군 28
카오스 30
규결(糾結) 32
마스크의 날들 34
매미 36
이끼 38

2부 나만 아는 판도라 상자

프레임 40

홈워크 42

어항 _ 에필로그 44

브런치 46

입술의 기억 48

당신은 무슨 색 거짓말을 좋아하나요 50

나만 아는 판도라 상자 52

팬트리 54

고독과 헤어지지 못하는 이유 56

데스티니 58

뉘앙스 60

성선설과 성악설 _ 피노키오 62

딜레마 64

교차(交叉) 66

프리즘 68

3부 나비효과

차별 70
연필의 노래 72
OFF _ 수목 74
MT 76
그래, 잡생각 78
빨래 이데아 80
슬픔에 대한 예의 82
여우의 탄생 84
뒤꿈치의 방식 86
보형(保形) 88
미메시스 90
이란성 92
그래서 내가 터득한 건 메두사 화장법 94
내 트라우마는 쌍생아 96

4부 왼손의 비밀

빨강 구두 100
거목 _ 아버지 102
담벼락 아래 104
부아 106
왼손의 비밀 108
기일(忌日) 110
언니의 조건 112
왜 그때 절기(節氣)와 엄마는 사이가 좋았을까 114
밤송이의 날들 116
나는 그림자를 닮은 게 싫어서 선탠을 한다 118
심장의 안쪽 120
적월(赤月) 122
사과는 비밀을 먹고 무럭무럭 124

■ 해설
소문의 세계와 언어의 운명 _ 황유지 125

1부 카오스

별지화(別枝畵)

처마 밑 연꽃이 천년을 산다
진흙 물결도 없는데
한 번 돋아나면 오직 적멸을 향해 움직인다
그러니 꽃은 피고 지는 게 아니라
화려함 뒤에 숨어
나무의 숨결과 함께
천천히 조금씩 흩어지고 있는 거다
처음엔 그저 썩지 않게
다스리는 일이라 여겼다
그런데 틈 하나 없이
나무를 껴안고 놓지 않는다
이것은 밀봉이 아니라 밀착
색(色)이 공(空)을 향해 걸어가려는 의지
봉황의 춤이 허공중에 스민다
바람이 색을 민다
풍경 소리가 찰방찰방 헤엄친다
지붕 아래 꽃들이 소리 나는 쪽을 본다
색과 색이 만나 서로의 색을 탐독한다
꽃의 안쪽을 볼 수 있는 안목이 될 때까지
나는 화두 밑을 걷고 또 걷는다
머리 위에 꽃의 말이 내려앉는다

대웅전 안쪽 문수보살이
아무도 모르게 웃을 것만 같다
몸속이 화심(花心)으로 가득 찬 기분
꽃의 마음이란
식물성 부처를 만나는 일이었을까
절 쪽만 바라봐도
날개를 편 단청이 꿈속으로 날아왔다

채낚기

조류의 방향이 따라온 길
지금부터는 어둠의 슬하다
달빛 아래 야광 줄이 주저하지 않고 빛을 끌어모은다
한 치의 망설임도 없이 제물로 바쳐진 미끼들
오로지 입술만 공격해야 한다
갈고리의 신호음이 울음으로 번진다
아버지는 여러 날의 불황을 끝낼 거란 다짐을
밑밥으로 던진다
한 개의 낚싯대에 여러 개의 바늘을 걸어두었으니
기다림은 쓸모없다
바닥에 닿자마자 끌어올린다
장갑 속 지문이 다 닳은 손가락
운명선마저 지워져 버린 쩍쩍 갈라진 굳은살
감각이 다 사라진 줄 알았는데
물고기가 잡히는 순간 경련이 인다
드디어 이빨이 드러난 갈치의 체표가 반짝인다
해저 밑에서 나풀거리듯 칼춤을 추며 올라온 실루엣
비린 향기를 품은 은백색
아버지가 오랜만에 웃는다
바다의 서사가 발단과 위기를 지나
절정을 향해 치닫는 순간이 다가온다

그러나 만선이 결론은 아니다
자식들 다 성장했으니 바다가 준 만큼만 거둔다
이 손가락이 다 잘려나갈 때까지
물고기를 낚을 것인 게 니들은 걱정 말고 공부만 혀라
그 목소리가 지금도 자식들 심장 속을 헤엄쳐 다닌다
아버지가 낚아 올린 것이 물고기만은 아니라는 듯

소요(逍遙)

숲과 한 몸이 되고 있다
귀가 열리는 떠들썩한 로맨스
계절 속으로 흘러왔다 빨려 들어갔다를 반복한다
입에서 귀로 귀에서 정수리 밖으로
서서히 밝혀지는 나무들의 서사
밤이면 잠잠해졌다가
태양이 뜨면 우후죽순 피어나는 연애
객관적인 거리와 주관적인 몸짓
가지와 가지 사이 압축과 생략은
하나의 리듬으로 매달린다
우듬지가 어제의 곡선을 딛고 일어서서
고도를 향해 활시위를 당긴다
날마다 허리를 곧추세우며
숲속에선 빽빽한 안부를 묻곤 한다
나무 풀 꽃 바위 흙 새 뱀 곤충 벌레
모두 안녕, 살아있구나
지척을 열어 주는 것만으로도
숲은 대답에 가깝다
내게 유일한 위안은 산책뿐이었을까
광합성 같은 상상도
바지런할 때 다가오는 위태로운 정착도

숲에 다다랐을 때만
신생을 향해 움직인다
속마음을 품은 새들이 다가온다
속삭임이 끝난 자리로부터
다시 긍정이 자라난다
나는 오늘 명랑하게 밀도가 높다
온몸이 숲이라는 장르가 되어 가뿐해진다

저수지

멀어질수록 곡소리는 등에 더 가까워진다
그믐을 집어삼킨 전설이
포물선으로 재주를 넘으면
집으로 가는 길, 속도는 느리다
연인을 잃은 연인이
쓱 나타날 것만 같다
나도 모르게 주문을 걸며
등에 돋아난 생 비늘을 긁을 것만 같다
버드나무가 귀를 열고
수면 위를 치렁치렁 더듬는다
더욱 예민해지는 발목들
기척 하나 하나가 징후가 된다
입을 벌린 아가리에서
잠든 시간을 걷어내면
비밀은 저항조차 할 수 없는 안목이 된다
비가 올 땐 더더욱 앞만 봐야한다
귀신새 울음소리에 속아 뒤돌아보면
수몰된 마을을 감당해야 한다
언젠가 저수지가 바싹 마른 것을 본적 있다
쩍쩍 갈라진 실핏줄마다
녹아내린 흔적이 있고

공생하던 모든 것들이
진흙 속에 파묻혀 숨죽이고 있었다
어디로 가서 곡소리의 출처를 찾아야 하나
당산나무 아래 시간이 매몰된 자리
죽은 전설이 내 발목을 붙잡을 것만 같다
치렁치렁 이끼를 덮고 있는 두려움
떼어낼수록 끝까지 달라붙는다

신의 예보

하늘의 맥박이 불길해요
먹구름 다음의 비구름
신의 예보는 한 번도 틀린 적이 없어요
당신은 오늘부터 낯선 사람
왜 월요일 스케줄표 같은 태도를 내미나요
대리 만족 대리 사랑을 건네주지 마세요
당신이 이미 저쪽이 되었다 해도
내 안의 실감이 풍부하게 남아 있으니
그만 구름의 살갗을 거둬줘요
바람이 품고 있던
심장의 떨림을 건네지 마세요
투명하고 건조한 여운은 싫어요
이별을 확신하려면 소나기가 필요하겠죠
우산을 급하게 읽어내려 했던 건
서술의 기점과 나만 아는 진원지
내내 흐려도 우리의 침대는 언제나 취해있었는데
이젠 하늘의 참견과 기적을 빈자리에 눕혀야 하다니
최초의 눈물이 나를 가장 잘 이해한다고
말해도 소용없을까요
비가 그치고 화창한 표정이 나타날 때
보편성을 추구하려 했을 때만큼

다정한 뭉게구름도 피어날까요
하늘의 예감이 여전히 불길해요
내가 아는 너머에서 몰래 만나고 온 걸
당신은 마지막까지 알고 있을 테니까
마침내 나비가 되어 다가오세요
내가 나비의 꿈에 흠뻑 젖을 테니까요

오늘 나는 나를 쓴다

사랑보다 시가 더 쉽다
시는 절대 질투를 하지 않고 달아나지 않는다
당신의 뒷모습은 비겁하지만
시는 끝없이 거룩하다
내가 원할 때 당신은 없다
그러나 시는 기척으로 떠돈다
생각해보니 당신은 나를 차단했고
시는 나를 한 번도 밀어내지 않았다
당신은 매번 쓸모없는 생각에 빠져 있어서
나를 제대로 쳐다보지 않았다
그럴 때 당신의 어깨는 가까운 국경이지만
시의 어깨는 항상 옆이다
경계 없는 옆구리다
당신은 일방통행이지만 시는 쌍방통행
당신은 뒤늦게 나를 아는 척을 한다
시는 진짜 처음부터 나를
억척스럽게 껴안고 있었는데
당신은 형식적이지만
시는 언제나 생생한 상징이다
조금 더 일찍 알았더라면
나는 처음부터 당신에게 타인이었을 텐데

시는 이별보다 쉽다
당신은 나를 떠난 후에
초라한 애증으로 남았지만
시는 사무치게 황홀한 눈물로 남았다
당신은 내가 필요할 때마다 돌아서지만
시는 내가 필요 없어도 돌아서 있다
그러니 당신은 내게 끝까지 이방인이지만
시는 내게 마침내 필연이다
오늘 나는 시가 쉽다

발치

어둠이 끝없이 욱신거린다
밤에 생니를 전부 뽑아야 하나
당신 떠나고 온전한 밤이 하나도 없다
암담의 퍼레이드가 계속된다
함몰된 밤의 뼈에서 악취가 난다
밤새 퉁퉁 부은 공간을 가득 메운 건 달의 연민
그런데도 우울의 뿌리가 너무 깊다
이젠 허공까지 욱신거린다
고독은 밤을 물어뜯길 좋아할까
침묵은 불면 앞에서 진통제와 맞서 싸울까
생각의 뿌리가 자꾸 흔들린다
사랑니는 점차 퇴화를 기다리고
당신이 사라진 쪽을 향해 뾰족한 뿔이 자란다
데면데면한 밤은 잠들 생각이 없다
조각조각 부서져도 끝까지 살아있는 밤
독주를 내내 붓고
감정이 마취되길 기다린다
십자가를 거침없이 몰락시킨다
썩은 기억을 더 촘촘하게 자극한다
고독이 몰고 온 통증을 방치한다
핏물이 된 당신이 덩어리째 쏟아질 때까지

시뻘건 밤을 뱉어낸다
야만적으로 성장한 이별이 전부...

다정한 점괘

달이 달을 찢고 나와 온몸으로 쏟아지면
먼 곳으로부터 달려온 빛들이
마침내 전설을 깨운다
곧바로 달의 목록은 탄생하고
마을을 떠돌던 새의 울음은 낮게 난다
뒤꿈치를 들고 발끝을 숨긴 기시감이 모여들면
누군가 다녀간 흔적처럼
뒤편의 안부가 스멀거린다
할머니는 어쩌자고 죽은 아들 이름까지 써 넣었을까
떠도는 자의 기척을 왜 읽어내려 했을까
질문 따윈 발설하지 않는다
산 자와 죽은 자의 이름이
층층 시루에 담겨 가계를 구성한다
불길한 액과 신생의 열망이
한통속이 되어 섞인다
설익은 점괘가 나올까
잘 익은 점괘가 나올까
손수 불을 관장하는 할머니
노심초사가 슬쩍 끼어든다
액과 운의 갈림길이 눈앞에서 불춤을 춘다
방향을 잃은 심장까지

껴안아야 할 텐데

죽은 자의 안부까지

중하게 여겨야 할 텐데

드디어 갈래 없는 대동(大同)의 무늬

찰지게 들러붙는다

잘 익은 점괘의 맛

떡점*은 오롯이 길상(吉祥)이다

*서귀포 지역에서는 대보름날이 되면 시루떡을 쪄서 그해의 운수를 점치는데, 이를 '떡점'이라 한다.

쉰다리*

엄마가 발효되고 있어요
부엌에서 이불 속에서
퉁퉁 부은 혀끝에서 아린 심장에서
40도 온도의 방식이
부글부글 끓어올라요

시큼한 냄새가 따라다니던
조용한 일요일이니까 안심하세요
꾸덕꾸덕한 거죽을
음지로 가만가만 밀어내면
잡균은 잠들지 않고
친절하게 삭아서 가라앉을 거예요

햇살의 참견이 뭉글뭉글 해졌을 때
자식들 입에 달콤한 흰밥을
배불리 먹이는 상상을 하겠죠
뒤울안에서 쉰밥을
소다물에 헹구어 드시던
표정까지 녹아들었을 거예요

벚꽃잎보다 부드럽던 피부는

뭉개진 밥알보다 더욱 까칠하고
사과 향이 묻어난 두 볼은
끈적이는 물풀같이 눅눅하지만
염천을 견디는 비법, 그날 탄생했어요

항아리 앞을 지날 땐 귀를 기울여 보세요
누룩의 환상교향곡이 들릴 거예요
부엌에서 열리는 황홀한 무대
엄마의 지휘는 매번 특별했어요

*제주특별자치도 제주에서 쌀밥, 보리밥이나 또는 약간 쉬기 시작한 밥에 누룩을 넣어 발효시킨 저농도 알콜 음료.

결벽 증후군*

흐트러져 있는 게
단 한 개도 없는 나의 냉장고
그 속에서 층간 소음이 들린다
내게만 들린다
매 순간이 감옥 같았을 거니까
무심하게 누워 있거나
서 있거나 끼어 있고 싶었을 테니까
싸우는 소리
부딪치는 소리
엎질러진 여자의 비명 소리
마침내 다가온 즉흥적인 상상력은
고체일까 액체일까
난 재빨리 락앤락을 찾는다
멍이 든 상상을 집어넣고 뚜껑을 닫는다
새벽 무렵 겨우 잠잠해진다
락앤락을 꺼내와 확인한다
아직 수치심들은 싱싱하다
이러지도 저러지도 못하고 있는
윗집 여자와 나의 머뭇거림
우리는 가끔 마주친다
서로 다 알고 있다는 듯

재빨리 고개를 돌린다

*조어.

카오스*

 봄 여름 가을 겨울의 표정이 복화술처럼 나부낍니다 사월을 펼치면 오월을 닮은 목소리가 가득합니다 하지만 떠나고 싶은데 알 수 없는 얼굴이 자꾸 발목을 붙잡습니다

 과거와 현재를 지우고 아물지 않은 흉터가 곪아가는 순간에도 외로움은 점점 커지는데 돌아선 슬픔이 마지막까지 와락 달라붙습니다

 비극과 희극이 분리되기 전, 배후가 된 느낌으로 걸으면 감정과 감성과 감각이 흔적도 없이 모두 섞이는 것만 같습니다 힘주어 잡고 있던 기이한 인연의 끈처럼 팽팽하게 당겨진 약속을 무덤 위에 핀 제비꽃이 증명합니다

 사월엔 여전히 바람의 이력과 지독한 안부와 불신과 위선과 무질서가 쑥쑥 자랍니다 혼돈의 땅 위에 놓인 한숨 같습니다 빗나간 예측은 늘 빠르게 적중하거나 밤낮으로 분산되거나 헝클어진 이질감으로 남습니다 그것이 싫어서 한밤중은 힘껏 달아납니다

한때 상냥했던 나는 금이 간 기억과 잠든 시간을 흙처럼 뒤집어쓴 후 오래도록 누워있습니다

*무질서.

규결(糾結)

예감의 실타래가 꼬여 삐딱하게 헝클어진 밤
감정을 하나하나 풀어내지 못한 채
집착이 가득한 독방에서 서성인다

무의식이 살다간 방
밀폐된 그곳에서
이몽(異夢)이 되어버린 건
이쪽과 저쪽
낮과 밤
그리고 나와 얼굴 없는 당신들

바깥은 내내 필연
안쪽은 내내 우연
예상치 못한 음모에 갈수록 독방이 확연해진다

그 누구의 부추김 따윈 없었지만
불규칙한 심장이 꿈틀거릴 때마다
온종일 불길한 기운이 쌓여간다

무게를 털어내듯 알약들이 끝과 시작을 예고하지만
기나긴 잠으로 남겨질 마음이 감각을 잃어간다면

본질일까 역설일까

이젠 상처투성이의 비꼬는 안부와
누군가의 이중성은 더는 궁금하지 않다
달빛이 아픈 발목을 끌고 와도 하나도 놀랍지 않다

네 개의 계절에 나는 또 하나의 계절을 더 추가한다
난, 극단이란 계절을 내내 살고 있다

마스크의 날들

요즘 매일매일 가리고 살아요
코와 입 얼굴, 갈라지고 접힌 주름까지
눈만 빼곤 다 가렸어요

적막을 베어 물고
고독을 뱉어내는데
아무도 알아보지 못해요

입안에 봉한 나쁜 말들이 꿈틀거려도
비웃음과 코웃음이 반복되어도
마스크는 편안해요

목요일의 온기를 품고
장례식장에 가도 되고
수요일의 슬픔을 한가득 머금고
결혼식장에 가도 돼요

금요일에 불온한 행동을 하고
일요일에 교회 가서
회개를 해도
죄 없는 사람처럼 되는데,

얼마나 더 숨겨야 모든 것이 제자리로 돌아올까요
얼마나 더 가리고 가려야 다시 원점일까요
그런 걱정 따윈 필요없어요

불편한 진실이 뒤척일 때마다
표정이 하나라서 너무나 편리해요
숨 막히는 가면을 즐기세요
처음부터 우리는 바이러스 같은 존재니까요

매미

하나의 울음을 완성하기 위해
이천오백일 동안 어둠을 갉아먹었다

사력을 다해 무덤을 깨고 나와
눅눅한 어둠을 말리면서
수컷이 될지 암컷이 될지 궁리했다

울음은 시간이고 공간이라서
끝내 음악이 될 수 있는 생각, 버려야 했다

첫울음이 당신을 향해 번져나간다

땅속에서부터 끌어올린
중력의 힘을 빌려 끝까지 울었다

그 울음을 듣는 순간 당신은 곧 여름이다

하나의 사랑을 완성하기 위해
칠 년을 어둠 속에서 기다렸다

당신은 아직 길을 열고 있는가

암컷은 울음을 삼키고 수컷은 울음을 뱉어낸다

이내, 갈색 나이테 골짜기에 열망을 가둔다

이끼

  우연과 필연과 악연이 무럭무럭 섞일 때마다 참회와 고백 사이에서 머뭇거렸어요 죽은 듯이 푸석푸석한 기도를 하며 오류와 오독에 몸살을 앓았어요 그때 죄의식이 이끼처럼 자라기 시작했죠 기어이 유물이 되어 발견되거나 발굴되거나 그러거나 말거나 자포자기할 것만 같아 고해소를 찾았어요

  아마도 그곳에서 오래 있었나 봐요 나의 이끼가 자라게 한 그들은 밤이 되면 교묘하게 접근한 뒤 은밀한 연극을 했어요 기회 봐서 모조리 다 제 것처럼 독차지했죠 태양이 떠오르면 말이 많아지니 조심해야겠어요 혀 밑에 숨겨 놓은 비린내처럼 고상한 척을 하는 그들을 벗어날 수 없으니까요

  위악적인 계절이 지나고 나면 쓰디쓴 고백처럼 말라 가겠죠 의지하고 의존하는 건 간사함을 긁어내고 긁어내더라도 뿌리는 들키지 않을 거예요 다시 틈새마다 납작 엎드린 고집, 집착, 소유, 불협과 함께 죄는 결국, 은둔자가 되고 말 거에요 끝까지 신을 사랑하지 않는 죄를 품었으니까요

2부 나만 아는 판도라 상자

프레임

어항과 거울의 차이를 생각해요
물고기는 갇혀 있어도 주인공인데
거울은 언제나 2인칭만을 보여줘요
내가 나를 가두는 것만 같아요
그런데 둘이 닮은 점도 있어요
질문들을 쉼 없이 쏟아낸다는 거예요
어항 앞에서 한 질문은
한참 전에 젖어 있고
거울 앞에서 한 질문은
방금 전에 깨졌어요
항상 흔들림을 주시하고 있는 프레임
꿰뚫고 있는 독백의 경계
기어이 뾰족한 모서리를
내밀고 말 거에요
어분 대신 금붕어는
말풍선을 받아 먹고
거울은 내가 모르는
자신감을 내밀어요
앙상한 입술에서
속마음이 반복되는 순간
최초의 의미는 물때처럼

프레임 안쪽에 끼어 있겠죠
나의 은둔엔 환기가 필요해요
기척이 없는데도 센서등이 켜지고
창문의 안과 밖이 이질감으로 들끓을 때
진짜 누군가 와서
한 번쯤 노크해도 좋으련만
예감은 와장창 깨지고 말아요
그땐 몽상이 극단적으로 다가와요
거울을 빠져나온 내가
어항 속에 들어가
실어증을 앓는 물고기가 돼요

홈워크

나는 지금 매일 당신을 지우는 숙제를 하고 있다

소파가 달콤한 문장을 소환할 때
무언의 1인용에서 정답지 않은 3인용이 될 때
언제나 그러했듯
비밀연애의 봉인은 풀리고 만다

독백이 흥건하던 침대는
점점 윤기 없이 메말라가고
책꽂이마저 당신의 존재를 누설한다

모든 위로를 거부하고 기억을 초기화해야 하는데

턱을 괸 책상은 온전히 바닥과 암암리에 속삭이고
서랍 속 묵은 디지털카메라는
파노라마의 동선을 재촉한다

식상한 안부가 채널을 돌릴 때
지독한 안부는 지나친 과부하에 지쳐가고
정체를 알 수 없는 자막이 달라붙는다

밤을 샌 멍든 눈빛이 밀고 당기는 장면들
한쪽으로만 쏠린다
내가 다른 사람이 되어 나를 노려보고 있다

이 과제는 회피인가 명분인가

당신의 공간이 비로소 기척으로부터
분리되었다고 믿었는데
뫼비우스 띠처럼 또다시 원점이다

어항
— 에필로그

골방은 언제부터 내게 어항이었을까요
차가운 모퉁이를 지나
온도가 적당한 경사가 차오르면
좁은 통로의 끝
무수한 언어들이 떠다니던 협곡
내 시는 금붕어처럼 헤엄쳐 다니길 좋아해서
한 쪽 벽에서 다른 쪽 벽까지
리듬을 타며 반복적으로 움직입니다
달빛이 미역 줄기처럼 자라고 있어요
조명은 슬퍼도 기록은 슬프지 않아야 하니까
관념과 마주 앉아 있으면서
납처럼 느껴지는 낯선 감각을 읽혀야 해요
기형적인 감정들이 무언가 뱉어내는 순간
언제 죽을지 모를 뉘앙스가 꿈틀대요
빈틈없이 나열된 구절들이
서로 껴안은 채 불온한 이미지를 만들어가요
숨이 막혀 올 때까지
귓속을 가득 채운 심연과
눈을 뜨면 사라질 체취들을 발설해요
언제쯤 작은 떨림 하나만으로
거대한 끌림이 완성될까요

잿빛 물속에서 입만 둥둥 떠 있는
부패한 아가미에겐
기도하는 방법 따윈 없으니
자꾸만 쏟아지는 방백을
비린내 없는 손가락 안에 가두고 말겠어요
관념은 언제부터 내게 위험한 어항이었을까요

브런치

 매일매일 어디로 모여들었던 걸까 한 식탁을 쓰는 데도 우리는 우리를 찾을 수 없다

 언제 우리를 요리해 봤더라 요리에서 제일 중요한 건 타이밍이고 온도인데 당신의 방백이 타이밍이라면 나의 독백은 온도겠지

 우린 분명 서로 다른 냉장고를 가지고 있는 게 분명해 당신은 당신 심장 속 냉동실에 나를 집어넣고 난 내 표정 속 냉동고에 당신을 집어넣었던 거야

 당신과 나의 입맞은 지나칠 정도로 빈번했지 오, 뜨거운 국경, 객관성에 가까웠지

 플라스틱 접시만 사용하는 게 좋겠어, 제안한 건 당신이었지 깨지다 라는 단어가 불쑥 끼어들까 봐 두려웠던 거지

 겨우 붙들고 있던 우리를 놓칠까 봐 당신과 나는 끝까지 서로 다른 브런치를 먹었던 거야

지금도 당신은 AM 10시에 있고 난 AM 10시 35분에
있지, 그래 맞아 35분은 이 세계에서 가장 큰 간극이야

입술의 기억

쉽게 무너지지 않아
오늘보다 단단한 어제
당신은 어제 속에 있으니까 괜찮아
12시 20분에 우린 가쓰오 우동을 먹었겠지
입안에 번지는 문어향
난 한 번도 입술을 추궁한 적 없는데
12시 20분만 되면
당신의 뒷모습을 자꾸 반복하고 있어
당신과 나의 차이는
국물과 바닥의 차이야
관계의 안쪽까지
후루룩 마시고 싶어서
키스할 때마다 눈을 뜰까 말까 고민했지
무너질까 겁이 난 게 아니라
보여줄 수 없던
기척이 들킬까봐 설레었지
묵호역 근처 우동집엔
속삭임만 남겨 놓고 싶었는데
귓속에 왜 파란이 밀려와 고였는지 몰라
고백은 액체일까 고체일까 아니면 기체일까
이젠 고민할 필요 없어

어느새 고백은 액체가 되어
흘러내리고 있으니까
결코, 쉽게 발각되지 않아
어제보다 낯설어진 오늘
떠난 당신은 끝끝내
처음 속에만 있을 테니까

당신은 무슨 색 거짓말을 좋아하나요

거짓말에도 색깔이 있다고 믿는 당신
흰색을 좋아하면서 왜 붉은색을 내밀고 있나요

당신이 깜짝 놀라도록
이젠 초록색을 줄게요

본색보다 매력적인 붉은 색을
이젠 눈동자 속에 심어봐요

은밀한 것으로부터 뿌리가 뻗고
하루 만에 이중적인 줄기가 자랄 거예요

따로 물을 줄 필요는 없어요

오래된 벽화에 채색된 입술이 갈라진 것처럼
다닥다닥 붙어있는 진실들이
천천히 와해 되고 말 거예요

명랑한 태도가 수많은 기억을 깨우겠죠
오늘만 사는 당신은 또 다른 색을 찾겠지만
이젠 틈이 없어요

숨 막히게 다정한 척을 해도
하루 만에 퇴화한다는 걸 알아야 해요
퇴화조차 또 다른 이중성이니까

그때 흘린 눈물을 참회라고 부르지 말아요
뻔한 본색의 결과는 이미 당신 안에 있으니

이젠 눈으로만 말해요
그 눈빛으로만 나도 대답할게요

나만 아는 판도라 상자

당신을 향한 꽃숭어리들이
봄의 판도라 상자를 열어요
첫이 마구마구 쏟아져요
절벽 위는 안녕하신가요
암자도 삼백년
나무도 삼백년
줄기의 숨을 먹고 자란 허공의 의지가 만져져요
불멸이 존재할 거라고
그 누구도 함부로 말하지 않았지만
그 누구도 부정하지 않았어요
위태로운 건 언제나 의심일 뿐이지요
품을 수 있는 건 단 하나
바람의 경전
흩날린 문장에서
당신의 고도가 느껴져요
가장 낮은 곳에서 밑을 살았으니
가장 높은 곳에서 허무처럼 비워내겠다 했었지요
내가 모르는 사이에
이미 새나 구름이 되었는지도 모르겠어요
어떤 날은 새가 안부를 물어오고
어느 날은 구름이 마중을 나와요

오늘도 하루에 한 번
당신이 있는 쪽을 향해 우두커니가 됩니다
이것이 나만 아는 판도라 상자의 비밀
우리만 아는 처음과 끝
제가 다녀갈 때까지
연기(緣起)의 수레바퀴만은 끊지 말아주세요

팬트리*

  그녀의 상상과 키친핏 냉장고는 지나치게 밀착 중이다 빈틈없이 바짝 붙어있는 무취 무미 무색의 향연, 내부에서 식자재들의 세리머니가 시작되면 풍성하게 돌아난 속살의 감각이 꿈틀댄다 부푼 감정과 무심한 표정, 물끄러미 바라보던 허기진 입술이 오늘의 메뉴를 선택한다 달아날 여지가 없는 유통기한은 유용지물이 되고 한 번도 끝난 적 없는 달달한 공복은 레시피를 건너뛴다 무뎌진 갈증이 증발하기 전에 김이 모락모락 나는 상상을 완성해야 한다 그녀는 월화수목금토 숨가쁜 요일을 쉴 새 없이 꺼내먹는다 바삭하게 뭉쳐진 설탕 덩어리를 삼킨 그녀의 놀란 두 눈과 입꼬리가 순식간에 교차하지만 체중계에 실린 상상의 무게는 한없이 가볍다 온몸이 잠들 때까지 발효된 이야기들은 즐비하고 폭식을 할 때마다 드라마처럼 위기가 각색된다 잠들지 못하는 타인과 타인들의 민낯이 겹쳐지면 상상은 곧바로 먹구름이 되지만 부끄러움을 잊은 채 달콤한 구성을 펼치면 상상은 마침내 뜬구름이 된다 그 구름 위에 식탁보를 펼치고 음식을 놓고 그녀가 누군가를 기다린다 아무도 오지 않는다 먹는다 또 기다린다 오지 않는다 또 먹는다 구름의 색깔이 바뀌고 뒤틀린 뱃속이 점괘로 가득 찬다 문득 초인종이 울린다 그녀가 얼른 서늘하고 깊은 곳에 상상을 보관한다 아무 일도 없다는 듯, 인형처럼...

*식자재 저장 공간.

고독과 헤어지지 못하는 이유

아침과 저녁이 은밀해졌을 때
안녕, 키스라고 하자

내가 원하던 맛과
당신이 원하는 맛이
겹쳐진 자리를
애매한 풋과일의 맛이라 하자
작고 미약한 혀의 촉감
떨림은 아니고
떫음은 더더욱 아닌,
한때 발갛게 달아 오른 심장이
식은 아침 위에 그대로 노출된 기분

비좁은 생각만 있을 뿐
틈을 메꾸는 건
계절일까 사유일까 까닭일까
블랙커피를 앞에 두고
서툰 대화로 길들여진 오전
사라질 표정 속엔
여백이 너무나 많은데
온기는 하나도 없다

접시 위에 놓인 위험한 말들이
컵 속에 굴절된 집요한 질문이
한쪽으로 기울어지는 언어들이
지나치게 나를 닮은
지루한 눈빛과 현란한 몸짓이
겨울잠처럼 쏟아지는 걸 방치 하자

꿈인지 휴일인지 알 수 없는데
창밖엔 나만 실감하지 못하는
봄,
밀도와 깊이를 갖는다

이쪽과 저쪽의 차이를
선명하게 구분하는 배경
이젠 그만 전부 다 비워내고 싶은데
텅 빈 식탁만 보면 숨이 막힌다

데스티니*

연애 세포가 찬란하게 사망했어
온통 잠든 것들 앞에서 말이야

백야도 극야도 그 여자도 그 남자도 모두 다
안락한 근심 속에 한통속이었던 거야

그러니 속삭임은 내 심장을 찔러대는 쇳조각이었겠지

생일날 적극적인 포즈와 입맞춤이
속임수 때문이라는 걸 알았을 때
난 뒤섞인 표정을 직감했어

하나의 공간에서 서로 다른 쪽을 보는
세 사람이 앉아 있는 기분이랄까

의도는 넘쳐나고 혼돈을 막을 수 없을 때와 같아

누군가의 몸짓은 앞에서 날아오는 화살이고
알았던 사람의 뒷모습은
밤에 피었다가 아침에 지는 꽃이야

피할 수 없는 이완(弛緩)의 느슨함
움직일 수 없는 자리를 고집하던 냉정함
눈이 부시도록 지독한 생소함

빠른 속도로 선택을 해야 할 때,

경이로운 신 에로스와 죽음을 향한 티나토스가
나를 동시에 통과했어

달콤한 비극보다 나는 잔인한 희극이 더욱 좋은데

*숙명.

뉴앙스

너만 알고 있어
네가 내 꿈속에 다녀간 거
왼쪽 얼굴에 슬쩍
어제의 말을 올려놓고 울먹인 거
넌 아무것도 아닌 척 연기를 했지
수요일의 소파처럼
목요일의 프린터처럼
금요일만 되면 어디론가 사라졌던 골프 가방처럼
일요일엔 사각팬티가 삼각으로 둔갑을 해도
난 백 년 동안 웃을 수 있는 사람처럼
전혀 모르겠다는 표정으로 뒤돌아서고 말았지
사물을 사랑한 사물처럼
넌 객관적으로 징후를 남기려 했고
아는 척 보다 잔인한 건
알면서도 모르는 척하는 거라서
화분 속 녹색을 뒤집어쓴 식물처럼
소문을 숨기고
독백을 삼키면서
난 무럭무럭 슬픔을 키웠지
나만 알고 있을게
돌아설 때 언제나 복도가 길었던 거

만약 이별에도 복도식이 있다면
나는 지금도 미끄러지고 있을 거야
비웃음을 삼킨 달빛을 받으면서
뒤돌아보지 않는 것만이
나의 유일한 주저흔이라고 믿으면서
끝을 계속 덧대고 있을 거야
그런데 말이야 어디서 어디까지가 너의 꿈속이니

성선설과 성악설
— 피노키오

1.
모두 다 착한 탁자는 아니에요
레시피를 사랑한 사람은 나뿐이라서
아니 이제 익숙해진 접시뿐이라서
대낮에도 불 꺼진 우리

그렇다고 거짓말만은 포기하지 않을 거예요
유리 안쪽 사진이 사라진 이후에도
난 오랫동안 도마와 칼과 냄비와 싸워왔으니까
식재료로 슬픔이나 그리움까지 첨가하는
능력이 뛰어나니까

오묘한 것이 애매한 거라고 말하지 마세요
차라리 이중성을 주세요
이분법은 너무 지겨워요

2.
장르가 의미를 증명하듯
휘어지고 삐걱대는 스킬들이 전부는 아니었죠
접속어 대신 반의어를 첨가하면
천사에게 숨을 불어 넣는 일은 아주 쉬웠어요

수직과 수평이 만나
십자가가 될 때
해피엔딩의 귀결점이
그 아래라고 믿었어요

그런데 기다리고 기다려도 목소리는 들리지 않아요
밤새도록 두 개의 심장이 회개를 통과하면
착한 지옥과 피로에 싸인 천사를 구별해 낼까요

아무것도 아니어도
아무 역할이 없어도
하루빨리 우화를 벗어나고 싶어요

딜레마

꿈속에서 수요일마다 오리가 되는데
언제나 늪이다

움직여 빨리 움직여, 누군가 소리친다
이건 분명 늪인데 움직일수록 빠져드는데
헤엄쳐서 빠져나오라니

예배 시간에 늦었잖아, 빨리
손이 없는 내가 소리친다
누군가 밧줄을 던진다
줄이 흐물흐물 녹아내린다

겨우 떠 있을 정도로만 자맥질하는 내 발
그들에겐 보이지 않나 보다

먼저 꼬리를 쳤을 거야
치마는 왜 그렇게 짧은지 몰라
흰털로 뒤덮인 내가 들으라는 듯

은밀한 큰 소리를 듣는다
위선은 매 순간 나의 것

진실은 언제나 늪 밖 사람들의 것

방관자가 된 노을이 밀려오고
내 안이 더욱 붉게 물들어간다

생각의 방향이 바뀐다
늪이 마침내 평온해진다

하느님은 처음부터 끝까지 모른 척한다

교차(交叉)

꿈에 손가락마다 금반지를 꼈는데 낙인처럼 생생했어
길몽일까 흉몽일까 생각할 필요 없어
그건 말야, 긍정적인 음모와
부정적인 태양의 콜라보와 같은 것이니까

침대는 내게 늘 거짓 반 진실 반을 속삭였거든
그럴 때 젖은 목소리의 의미를
알아차리는 건 커튼이었을까
이국적인 정원을 품은 액자였을까

침대에 누워 스마트폰을 볼 때
체위만 바꿔가며
나를 찾아오는 건 위선이었어
메인 화면이 보여준 건 사건 사고

그것이 화질 좋은 진실이든 거짓이든
상관하지 않았지

살아있는 악플러의 입과
죽은 자까지 소환하는 손끝의 힘도
내겐 무의미 했지

난 오직 누군가의 답장을 기다리고 있었어

웹툰과 코미디와 영화를 터치하면서
허무적이지 않은 척을 했지
쇼핑은 얼마나 큰 진심인가

누군가는 혼자 떠나고 혼자 남겨진 아침 8시
창밖은 한결같이 평화로울 뿐이야

긴 팔을 뻗어 호수를 품에 안은 구름과 바람이 보였어
버릇처럼 진실은 슬픔 앞에서 찬란하게 나를 비웃었지

프리즘

밤의 스펙트럼이 넓어요 별리의 뒷모습을 통과한 감정은 몇 가지 성분인가요 눈물이라는 단 하나의 경로, 소문은 항상 파장을 불러오고 나는 여러 번 굴절돼요 얼마나 괜찮은 척을 해야 거울은 연민을 버릴 수 있을까요 불면 속 불면, 와인 병과 알약과 달력과 별들이 촘촘하게 나를 관찰하고 있어요 완벽한 빛은 완벽한 어둠 속에서 가장 선명해지고 말죠 햇빛이 쪼개지고 달아난 세계, 금이 간 틈을 어둠으로 메꾸었을 뿐인데 숨이 막혀요 새벽의 태도가 손안에 꼭 쥐어져 있어요 더디게 식어가는 마지막과 다가갈 수 없는 처음이 희석된 채 서리를 기다려요 남겨진 발자국들은 지워질 생각도 없이 시리게 떨고 있겠죠 목적과 방향을 잃어버리거나 감춘 발자국, 그 위로 우수수 떨어져서 위무한 것은 과거일까요 현재일까요 나의 비감을 통과한 애증은 어디로 흘러가고 있을까요 선택의 스펙트럼이 너무나 좁아요

3부 나비효과

차별

거울이 자꾸 나를 차별해요
외면하기 쉽지 않은데
속마음까지 반사되는 것 같은데
금이 가길 바라는 내 눈동자가 너무 많아요
거실은 항상 내게 결핍을 제공해요
청소기는 왜 일주일째
나를 따라다니지 않나요
개수대에 쌓여있는 그릇들이
친절하게 악취를 풍기고
달력은 모든 기념일을 기념하지 않아요
소파는 안락한 불안을 엉덩이에게 슬쩍 내밀죠
TV는 몰입성이 좋고
일방적이고 적극적인 디지털 방식을 고수해요
공기 정화 식물에게 나의 적막을 말하면
악몽까지 정화시켜 줄까요
이중 커튼이 닫히는 순간 1인극이 시작되죠
커튼은 열릴 때가 행복할까요
닫힐 때가 행복할까요
독방 속 잔여물처럼 남겨진
나는 단막극에 너무나 가까운데요
시계의 맥박이 매 순간 일정해서 두려워요

어둠의 숨소리와 겹쳐
동그라미를 빠져나올 수 없을 것 같아요
거실은 오로지 나에게 의존하고
거울은 이제 차별조차 하지 않아요

연필의 노래

의미 없이 만지지 마세요
난 흑심을 가지고 있어요
본 대로 말하는 것보다
안 본 것까지 이야기하는 방식을 좋아해요
알리바이를 꾸밀까요
몽타주를 내밀까요
낮의 초현실주의나
밤의 상징주의를 이젠 뛰어넘고 싶어요
처음부터 나는 쓱쓱과 싹싹을 품었어요
빨리 백지를 주세요
예상하지 못한 문장을 천천히 적어 내려갈 테니
엄지와 검지 사이에서 술술 자백을 뽑아낼 테니

당신은 언제나 주인공만 하세요
멋진 프롤로그를 가지고 있는 스타가 되세요
악역은 전부 내가 할래요
나쁜 건 내가 다 뒤집어쓸래요
그렇다고 무시하거나 다그치진 말아요
욱하는 순간 부러질지 몰라요
육하원칙을 지키면서
본질만을 제시할지 몰라요

어젯밤 당신은 독주를 앞에 두고 일탈을 꿈꿨지요
나의 용도를 바꾸려고 마음먹었지요
그런 뻔한 유언은 사양할래요
너무나 끔찍한 사실주의 같잖아요
그러니 내가 닳아져 없어질 때까지
무조건 뒤틀린 당신을 쓰고 또 쓰세요

OFF
— 수목

나를 OFF 하면 자유일까 이탈일까
아니면 숲일까 소문일까
꺼진 상태가 되고 나니
모든 가능성이 열리고
아무것도 기대하지 않는 마음이 풍부해진다
눈을 감고도 뚜렷해지는 혜안(慧眼)
흔들리는 나무의 뒷모습은
그을린 고요의 중심
연두의 웃음이 밀려온다
OFF 전에 관념과 의식은 끊어지고
펼쳐진 책은 의미로부터 달아난다
뿌리 근처 벌레의 움직임이 소음처럼 들리고
음역대가 지구 반대편까지 넓어진다
선명함과 예민함이 점점 분명해지니
가슴을 더듬던 두근거림이
오직 나 자신에게로만 쏠린다
살아있을 때의 버릇처럼
야윈 심장을 지그시 눌러볼까
잘게 부서진 어둠이 말을 걸어온다
당신은 이제 인칭을 가질 수 없어요 바깥은 잊어요
ON 스위치를 찾으려던 생각이 멈춘다

후일담조차 될 수 없는 내가 흩어진다
세상에나, 나의 기척이
우주를 다 덮을 수 있을 만큼 넓고도 깊다

MT

숲속으로 엠티를 갔어
자작나무 앞에서
너와 내가 은밀하게 껴안았지
그 순간 너와 나는 뜨거운 백색
지금까지 걸어왔던 페이지는 지워지고
끝없이 달콤한 미로만 펼쳐졌지
그러나 나무의 연애는 달랐어
뜨겁게 달아올라도
기억력이 아무리 좋아도
한 번도 숲은 숲을 떠난 적 없으니까
한 번도 달아난 적 없으니까
끝까지 서로를 모른 척했지
자작나무엔 사랑을 아는
모든 새들이 앉았다 갔어
그래서 새들에겐 나무의 방식이 스며들었지
너는 사랑만 아는 선배
나는 사랑도 아는 후배
만과 도 사이에서
서툰 키스를 새들에게 들켰지
우린 광합성 하는 잎사귀처럼
몸을 부르르 떨었지만

그 어떤 소문도 발병하지 않았어
수건을 돌리거나 끝말잇기를 할 때
새들이 자지러지게 울어댈 때
나무들만 수다를 떨었지
우리는 끝없이 은밀하게 다정하지 않은 척을 했지
자작나무가 뭐라고 하는 줄도 모르고

그래, 잡생각

잡생각이 꿈틀댄다
가장 극명하게 나를 증명한다
침대 위에서 태양과 달을 동시에 껴안은 채
나는 낮으로부터 멀어지고 밤으로부터 달아난다
우리들의 체위는 둥글다
달력의 태도를 뒤죽박죽 섞어버리자
내게 찾아온 요일들은 너무 단정했고
공전과 자전은 매번 지루했다
내가 나를 죽이는 상상을 하자
희망이 목에 칼을 들이대고
절망이 심장에게 사탕을 건네는 혼돈을 내버려 두자
복제할 수 없는 공상들이
순식간에 나를 집어삼켜도
끝까지 넥타이를 풀지 말자
아침엔 단맛을 쓴맛으로
저녁엔 매운맛을 신맛으로 바꿔서 느끼자
오늘의 혀가 물처럼 흘러 내려도
내일의 혀가 금방 자랄 것이라 믿으며 잘라버리자
위선적인 사이렌처럼
치명적인 맛이 불쑥 찾아와도
앙큼하게 은밀하게 나를 맡겨 버리자

그래, 나는 지금 위악적이고 위독하다
가식적인 도시에서 가식적인 나를 제거하자
반복과 반성을 그만큼 했으면 됐다
변명을 다짐으로 바꾼 걸 끝까지 후회하자
질기게 잡생각만 하자
잡생각은 끝까지 힘이...

빨래 이데아

옷감 별로 세탁하지 않고
색깔 별로 세탁하는 버릇이 생겼다
봄의 색깔과 여름의 색깔이 섞일 수 없으니까
분명 분홍빛 기분과 보랏빛 기분은 다르니까

정오의 희망곡을 들으며
먼저 긍정적인 색깔부터 빤다
치매 걸린 엄마의 오줌 묻은 속옷
넘어진 아이가 피멍을 묻혀온 바지
낭만적인 와인이 묻은 식탁보
비비고 두드리고 박박 문지르면
손목에서부터 발끝까지
스며드는 건 전부 개운한 햇살이다

부정적인 건 한꺼번에 세탁기에 다 넣고 돌린다
허공에 떠다니는 흉문과
자꾸만 강도를 더해가는 악몽
헤어진 후에도 끝없이 반복되는 이별을
표백제 잔뜩 넣고 다스린다
1시간 동안의 강력 세탁 모드
한통속이 되어 엉키다가 풀리다가

땟국물이 되어 빠져나온다
난 절대 울지 않는다

창문을 열고 바람의 수다를 듣는다
연신 햇살이 오물오물 빨랫감을 씹어댄다
본색과 본색이 섞이는 것도 방치한다
어느새 개나리 웃음 같은 엄마의 속옷
외출 준비를 마친 아이의 바지
슬쩍, 마음을 데이기에 충분하다

슬픔에 대한 예의

슬픔에게도 의식주가 필요하다
슬픔이 땡볕 아래 두꺼운 옷을 입고
무거운 몸 이끌고 걸어간다

타인들 앞에 설 때마다
자꾸 두꺼워지는 습관
여러 끼니를 먹지 않고
한 번에 고독을 폭식한다

밤은 뭐든지 살찌우기 좋은 시간
혼자 감상에 취해 레퀴엠에 젖는다
혼잣말을 혼자서만 듣고
독방과 1인실을 신뢰한다

슬픔 앞에선 격식을 차릴 필요 없다
어차피 알몸이고 맨몸이니까
원인이나 이유를 따질 겨를이 없으니까
모르는 방향까지 곁가지로 슬쩍 자라게 하니까

이젠 슬픔 없이는 더 이상 나는 내가 아니다
나를 맛있게 먹고

내 안에 집을 단단하게 짓고
나도 모르는 치부까지 삼킨다

두렵지만 슬픔을 밤새 껴안는다
자꾸 말을 걸어오던
진통제와 수면제가 마침내 쓸모를 잃는다

여우의 탄생

내 안에 여우가 살고 있다는 걸 뒤늦게 알았어요
당신을 향해 거리를 두고 싶어 하는 것도
점점 좁혀가는 것도
왜 지금이어야 하는지도
뒤늦게,
정말 뒤늦게 알았어요
꼬리가 둘로 갈라지면
불사(不死)의 존재가 된다는데
머리가 아홉 개라고 착각하는 당신은
정작 꼬리가 하나도 없어요
뒷모습만으로 판단하지 말아요
나의 습성을 알 거라고 자신하지 말아요
내 안에서 밀고 당기는 힘을 가졌다면
의심을 품은 존재로
오백 년을 살았을지도 몰라요
길들이기 쉬운 건 자존심
조화처럼 건조한 안쪽을 숨길래요
끝내 야생이 될 수 없다고 믿으며
구름에 홀리듯 여우를 숨겨 놓을래요
육회를 무칠 때
고등어를 토막 낼 때

내가 몰래 웃었던 걸 당신은 알았나요
신통한 둔갑술로 당신 앞을 서성이면
착각이 무럭무럭 자라겠죠
여우는 죽을 때
머리를 제가 살던 굴을 향해 돌린다는데
수구초심(首邱初心)에서 초심은
결코 당신이 아니에요
이젠 영하 50도에서도 견디는 북극여우가 될래요
당신은 너무 많은 급소를 나에게만 들켰어요

뒤꿈치의 방식

뒤꿈치를 들면 태양이 더 잘 보일까

휠체어에 앉아 발가락 끝을 보면
감각 없는 대답
쓸모는 오직 움직임으로부터 오는데
꼭 열 개씩이나 있어야 했을까
무릎 속 둥근 집엔 마비된 슬픔보다
내가 스스로 만든 위로가 웅크리고 있다

나를 처음 본 사람들이
눈을 돌릴 때마다 집은 풍성해지고
혼자 있을 때마다 속삭임이 들린다
그냥 관처럼 누워 있는 게 좋아
무릎에 와 닿는 햇살과 바람의
부추김 따윈 잊어
한숨은 너무나 흡착력이 좋다
그 어떤 것과도 쉽게 하나가 되어
그 어떤 것도 지배하고 만다

걸을 수 없게 되면서 처음 알게 된 건
아주 빠른 속도로

사람들이 달아난다는 거다
그런데 더더욱 비참한 건
관심이 다가오면 다가올수록
오히려 내가 무릎에 집착한다는 거다
아무리 때려도 무조건반사가 일어나지 않는데
왜 뇌는 습관을 버리지 않는 걸까
혼자서는 뛰어내릴 수도 없는 높이
무릎쓸 일이 없는 생각들

차라리 뼈가 없는 식물이 되어볼까

보형(保形)

두 개가 서로 달라요
한쪽은 가능성이고
다른 한쪽은 결과물
온종일 귓가에 만족한 자의 표정이 머물죠
좀 더 거리를 두는 게 좋았을까요
일관성 없는 태도로
수다스러운 입술을 예견했을 뿐인데
갑자기 모든 행위들이
동시에 끈적이고 말았어요
오른쪽은 부풀어서 터지기 직전인데
왼쪽은 더욱 소심해졌어요
지나친 해석이 파열의 원인이었을까요
몸이든 사상이든 마음이든
자르고 긁고 붙이고
덧대는 일을 반복하면
쩍쩍 갈라진 심장에선
이물이 발견되곤 하죠
그래요 부작용 따윈 생각 안 했어요
터진 틈 사이로
비열한 웃음이 들려와도 괜찮아요
내용과 형식이 적당히 섞인 채

스며들 거니까 감쪽같을 거예요
뱀이 실리콘을 먹고
중독으로 죽는 일도 있었지만
독성이 없다는 믿음을 끝까지 가질래요
선택은 매번 나의 몫
결과는 끝내 당신의 몫
독설 소문 음모 비난 중에서
이번엔 무엇을 채워줄 수 있나요

미메시스*

오늘은 고양이가 나를 복제했다
밤새 썼다 지운 시를 물고 달아났다
가시가 촘촘히 박힌 자학
생물로부터 멀어진 이미지들
비린내를 풍기며
행간을 물어뜯었다
언제부터 내가 야행성인 걸 들켰을까
밤에 뭐든지 가능해진다는 걸
모티브를 품은 마음은 이미 알고 있었다
제목도 없이 시는 출발하지만
방향과 태도만은 분명했다
내게 굶주린 것은 고독이니까
혼자가 아니라는 생각을 품기 위해
나는 유년의 잔상을 모조리 베꼈다
그런데 어느새 하지 말아야 할 것과
해선 안 되는 것에 도달했다
왜 트라우마가 많은 여자아이에게
금기는 주인처럼 등장했을까
그 순간 담을 훌쩍 뛰어넘는 고양이가
내 안으로 들어왔다
경계는 나를 쉽게 허락해 버리고

낙법도 없이 너머에 도달했다
그러나 세계는 끝없이
나를 하찮게 여겼다
오늘도 난 나를 할퀴는 시를 쓴다
고양이로부터 벗어나라고 부추기는
밤을 북북 찢는다

*모방.

이란성

같으면서 다른 줄 알았는데 다르면서 같다
데칼코마니처럼

동시에 태어난 이질성
비교와 대조가 편견을 지배한다

분리되지 않고 긴밀하게 밀착된
낮과 밤 중에서 난 어느 쪽 시간이었을까

우리라는 인칭과 함께라는 말속엔
순서가 끼어들 틈이 없는 줄 알았는데

화장실 앞에서 너는 왼쪽으로 커지고
나는 오른쪽으로 작아진다

하나의 케이크 앞에서 너는 웃고 난 손뼉을 친다
한 치의 망설임도 없이 분위기는 갈라지고

같은 해에 우리가 발생했지만
같은 해에 이룰 수 있는 게 하나도 없다

1+1의 상황에서
난 언제나 뒤에 있는 1이었으니까

이유야 어떻든 난 매번 패배자
넌 끝까지 승리자

너는 너의 세계를 가차 없이 무너뜨리고
나는 나의 세계 속에 단단하게 갇힌다

마침내 우린 같으면서 다른 게 아니라
다르면서 같을 뿐이다

그래서 내가 터득한 건 메두사 화장법

얼굴이 우글거리는 안쪽에서
꼬박 육백일을 보낸 것 같은데

매일 방문 고리를 잡았다 놓기를 수백 번
울음과 헛웃음이 반복되고

눈두덩이가 부어올라 거울조차 희미해서
베개는 애착으로 흥건해졌다

그래서 내가 터득한 건 메두사 화장법

블러쉬가 먼저 다가온다
낯선 자화상의 시작

마스카라는 선언처럼 선명하고
컨실러는 머뭇거림을 미련 없이 감춘다

아이라인은 섬세하게 애증에 밑줄을 긋고
쉐딩으론 후회를 감추기에 충분하다

더욱 두껍게 덧바르면 광기를 숨길 수 있을까

드러나지 않은 또 다른 은밀한 생각들
이 세상에 없는 여백을 연출한다

준비된 듯 손과 발은 종일 분주하고
입술 다음 표정을 순서대로 지운다

더 상처받기 전에
돌아가든지 내려놓든지 연습이 필요하다

이것은 분장일까 변장일까

다 잊은 듯 어둠 속에서
나를 계속 따라오는 이름 없는 쉐도우들

내 트라우마는 쌍생아

1.
뱃속은 두 갈래의 요란한 시그널*

핏줄이 터지고 살을 찢는 통증으로 분주한 8월
심장은 탯줄을 목에 감은 채 몇 차례 정지된다

PM 7시, 자지러진 비명과 함께 태어난 퍼플
PM 7시 3분, 울음을 꾹꾹 눌러 삭이며 태어난 다크블루

낳고 보니 어둠을 품은 빛 하나와
빛을 감춘 어둠 하나

한쪽이 아프면 다른 한쪽도 아팠다

텅 빈 가슴을 움켜쥔 채 낮이 웃었고
꽉 찬 슬픔을 떨어뜨리며 밤이 울었는데,

우리를 나누면 또 다른 우리가 되는 걸까
아니면 새로운 우리가 되는 걸까

2.
내가 여섯 번째 생일을 맞이하는 동안
배운 건 과장법

누군가 녹색 대문 앞에 선물을
가져다 놓아도 못 본 척을 했다

은밀하게 나에게 배달된 가방을 숨겼다

언니들은 나대신 꽃무늬 원피스를 입었고
빨간색 구두를 신었다

괜찮지? 어때? 물어보던 언니들
나는 새로운 미소를 준비해야 했다

어느새 버리지 못한 감정들로
내 방은 가득 찼고
별들이 노크해도 난 창문을 열 수 없고...

문득문득 친엄마가 별자리를 구성했다

단 한 발짝도 가까이 가지 못하고
단 한 발짝도 뒤로 물러서지 않았다

*신호, 일정한 부호, 소리.

4부 왼손의 비밀

빨강 구두

말 잘 듣는 여자아이가 빨강 구두를 신는다면
상징일까요 역설일까요
일곱 살은 까닭 없이 묻습니다
왜 하필 그날 그때, 흰색 블라우스와 남색 스커트를 입고
수요일의 구두가 아이의 발을 찾아 왔을까요
입양은 구두로부터 시작되는 일
높은 굽은 또각또각
낮은 굽은 뚜벅뚜벅
빨강 구두를 발소리에 가두면
접어 올린 바짓단에선
소문이 황홀하게 쏟아지고
발톱 빠지는 꿈이
먼 데까지 걸어 다녀도
등골에선 식은땀이 하나도 나지 않았습니다
뒤꿈치를 펴고
담장 밖을 넘보던 버릇을 멈춥니다
말라가는 허벅지 사이로
날개가 돋을 것만 같아서
아이는 처음으로 버림받았다는 생각까지 버립니다
누군가를 기다리는 지루한 연극

아파도 아프지 않은 척하는 가면
일곱 살은 철들기에 가장 적당한 나이입니다
낯선 여자와 남자에게
엄마 아빠 부르는 것쯤이야 식은 죽 먹기입니다
말 잘 듣는 아이가 웃을 때마다
빨강 구두가 수요일 속에서 쉼 없이 걸어다닙니다

거목
― 아버지

나무는 나에게 각별했다
일곱 살 아이가 바라본 나무는
적막한 거목이었다
왼손잡이를 무릎에 올려놓고
밥때마다 수시로
잘게 쪼개진 슬픔을 먹였다
나무는 내 눈동자에서
깊은 저수지를 보았다
잿빛 한지 위에
담뱃가루를 돌돌 말아
후―, 뿜어내던 긴 한숨
지금도 귓가에 코끝에 두 눈 속에
솔솔 내려앉을 것만 같은데
크나큰 나무 한 그루는
혼자서 등이 휜 채 굳어 갔다
저승길을 안내하듯 피어난 상여 꽃들
조화인지 생화인지
이유 없이 싱그러웠다
싱그러워서 더더욱 서러웠다
내 울음이 뿌리처럼 자라나
무덤을 향해 뻗어갔다

아빠 내 말 들려? 춥지 않아?
마지막으로 던진 질문이
또렷하게 이파리로 피어났다
끝없이 내 편이던 마음
그늘까지 따뜻하게 만들어 주던 거목
이젠 없다
그날 이후 나는 무덤을 둥근 나무라 불렀다

담벼락 아래

엄마가 있었다

눈부신 물방울 원피스
사이사이에 독백이 스며들어
벽돌은 천천히 삭아내렸다

드러내고 싶지 않았지만
들키고 싶은 마음이 간절했을지도 모른다

기록되기 싫은 어떤 말들은 그때 탄생했다

지워지고 사라져간 숱한 여름밤
두 여자가 운다
둘 다 서로에게 미안할 때

나는 어떤 포즈를 취해야 했을까
나는 어떤 목소리를 가져야 했을까

침묵은 복습을 잘하고
선택은 예습을 잘하기에
나는 늘 어정쩡한 아이였다

나를 알면서 모른 척하는 것까지 숨겼다

기도를 잊었거나 잃어버린 엄마
뒷모습은 늘 나에게 부여된 숙제였다

담벼락 아래,
남몰래 이끼가 끼었다

엄마가 서성이다 돌아간 날엔
아는지 모르는지 능소화 숭어리가
뭉텅뭉텅 눈물처럼 떨어져 내렸다

부아

치밀어 올라온다
예고 없이 불쑥 태어난
나이면서 우리인 것들
뾰족한 뿔을 자를까 태울까
출구 없는 세계
눈동자에선 천 개의 불이 타오른다
숨소리가 거칠고 음산하다
배신자와 위선자가 늘어나고
머뭇거리다 타이밍을 놓칠 때
99도씨까지 욕이 끓어오른다
방아쇠를 당기기 직전의 표정으로
뿔이 혀를 찾는다
모르는 척 슬쩍 혀를 들킨다
그 옛날 사막을 유랑하던 어떤 부족은
오아시스 밑에 뿔을 묻으면
싹이 자란다고 믿었다
예민해진 혀에서 싹이 날 때까지 기다린다
그런데 싹은 어떤 목적이고 무슨 태도일까

할머니는 부아의 달인이었다
다스리는 방법을 알면서도

알려주지 않고 돌아가셨으니
힘들 땐 그만 토해내거라
참으면 병이 된다 아니 병신이 된다
그 말만 귓전에 맴돈다
나는 부아의 직속이 될까 슬하가 될까
부아가 나인지 내가 부아인지
분간하기 힘든 날이 많은데
할아버지가 어느 날
부아에게 활을 맞은 듯
할머니에게 용서를 구하고 쓰러졌다
그랬다, 부아는 뿔이 아니었다
그저 방향을 다스리는 방향이었다

왼손의 비밀

사라진 왼손은 어디 있나요
고양이를 만나러 마을 끝 도깨비집으로 갑니다
터키시 앙고라* 터키시 앙고라
주문을 외우면
덤불 숲이 쩍 갈라지고
두 개의 도깨비불이 나타납니다
고양이는 아직도 내가 던져준 왼손을 핥고 있습니다
얼얼해서 왼쪽을 놓칠 뻔했습니다
오드아이**에게 왼쪽은 무슨 의미일까요
등짝을 맞으며 울 때마다
눈물 훔친 손이 왼손이었다는 걸 알고 있을까요
할머니는 때릴 때도
오른손만 사용했었지요
바른손 사용 안 할래, 팔자 사나운 년
왼쪽은 왜 틀린 쪽이었을까요
일찍 과부가 된 할머니는
끝까지 나에게 사과하지 않고 가셨어요
하늘만 쳐다봐도 왼쪽이 메이고
또다시 등짝이 얼얼했어요
지금은 어떤 쪽을 추종하며
하늘나라 밥상을 차리고 있을까요

이번엔 오른손을 던져 줍니다
놀라지 않고 오른손을 핥습니다
혀가 읽어낸 자리엔
36.5도가 똬리를 틀고 있었으니까요
내가 증오한 건
때린 다음 흘린 할머니의 눈물이었어요
다 나를 위해서 그랬다는 거예요
깨진 심장을 꿰맸던 건 매번
두 손을 모아 기도하는 밤이었는데 말이죠

*터키, 고양이 이름.
**양쪽 홍채의 색깔이 서로 다른 눈.

기일(忌日)

엄마가 둘이면 다정함도 배가 되겠죠

음력 7월 19일 자정, 향화가 소리 없이 피어올라요

오래전
첫 번째는 객관적인 첫사랑과 주관적인 그리움
두 번째는 주관적인 기다림과 객관적인 수줍음

지금은
거꾸로 된 물음표와
옆으로 누운 느낌표

그러나 둘 다 마침표일 뿐이란 걸 알았을 땐
서로에게 말줄임표만 필요했죠

가지런한 진설을 앞에 두고
첫 번째는 앞으로 나가 있는데
두 번째는 다소곳이 뒤로 물러나 있어요

첫 번째는 당당함 속에 미안함이 있고
두 번째는 미안함 속에 당당함이 있어요

이내 향냄새가 두 사람의 치마 속으로 번져요

철찬을 부산하게 들이킨
식솔들이 전부 다 떠나고
첫 번째와 두 번째가 그제서야 부둥켜안고 울어요

난 의뭉스런 가면을 거꾸로 뒤집어쓰고
숨소리를 삼킨 채
억지 눈물샘을 쥐어짜는 연기를 해요

언니의 조건

3초 만에 나는 동생이 되었고
너는 언니가 되었지

황색등이 점멸하는 시간 3초
너는 초록색으로
나는 붉은색으로 갈라졌지

공평하게 대했잖아
그런 생각은 모두
아빠와 엄마와 언니의 몫

차라리 3초 만에 기억이 사라지는
금붕어로 태어났으면 어땠을까

만약 다른 날에 태어났더라면
집을 떠나는 일도 쉬웠을 텐데

주인공이 되고
조연이 되기에 충분한 시간 3초

넌 왜 그렇게 질투가 많니

나이를 먹어도 철이 안 드니

그런 말을 하던 엄마가 언니보다 미울 때
내가 나를 위로하는 방식은 흐느낌

첫은 왜 그렇게 특별한 걸까
혼자가 아닌데도 혼자가 된 시간

너에게 꼭 알려 주고 싶다
3초 × ∞(무한대)

왜 그때 절기(節氣)와 엄마는 사이가 좋았을까

절기는 엄마처럼 소심하다
별들의 체취를 모른 척하고
이름 없는 아이가 탄생하는 밤 속
가로등은 베이비박스 하나를 품는다
존재하는 것들에 대한 예의로
때마침 비는 사뭇 진지하게 쏟아지고
웃길 잘하는 아이는 그것이
세계의 바깥인지 안쪽인지
알 수 없는데도 웃는다
아이를 품에 안은 달의 온도는 뜨겁고
눈동자는 촉촉하다
수만 번 봐왔을 장면인데도 매번 아프다
그래서 밝기를 더욱 높인다

입하 소만 망종 하지 소서 대서
엄마는 절기를 기록하면서도
후회를 연습하지 않는다
가슴골은 하염없이
소녀처럼 화사하고 여름처럼 싱싱한데도
산통을 끝까지 지운다
그 모든 걸 예감했을까

아이는 긴 잠을 자고 긴 꿈을 꾸고
볕의 풍부함을 스스로 거부한다
어느새 배경은 늦가을이다
낙엽의 리듬은 산발적이고
한낮의 부피는 짧아진다
그날 이미 심장이 소멸한 줄도 모르고
엄마를 벗은 엄마가
하이힐을 신고 경쾌하게 절기 속을 지나간다

밤송이의 날들

내 첫사랑은 후두두 떨어지는 밤송이

따가운 시선을 외면하지 못한 밤
그땐 어둡고 슬픈 계절 따위
눈 한번 감았다 뜨면
사라질 줄 알았는데
발끝에 뾰족한 가시가
촘촘하게 박힌다

아직 다 익지 않은 시절
방향을 잃은 눈과 귀와 입술의 표정
얼굴 뒤편의 여백은
진실이었을까 거짓이었을까 착란이었을까

느리게 추락하는 건
그리 중요하지 않다고 했던 말
일기장 위에 눌러쓴
반짝이는 잔상은 그대로인데
일요일 속에는 밤송이들이 더 많이 넘쳐났다

교회를 가려면 소년의 집을 거쳐 가야 한다

가는 시간은 길고 오는 시간이 짧았다

과수원도 아닌데 사과나무가 많던 그 집
아무도 내게 사과가 왜 많은지 알려주지 않았고
목마른 감정들로 서성였던 골목

지금도 어색한 프로필 사진처럼 내가 서 있다
정지한 심장에선
푸른 사과 향이 짙은데
밤송이만 후회 속으로 후드득 후드득

나는 그림자를 닮은 게 싫어서 선탠을 한다

1.
온몸에 눈동자를 달고 다니는 그림자
입이 아니라서 다행이야
흉흉한 가십거리로 내 몸에 살고 있다는 걸
발설하진 않을 테니까
그런데도 위에서 아래로 옆에서 뒤로 분주한 시선들
한결같이 선한 관심이 소문처럼 따라다니는 불화를
그림자는 잘도 포착했지
그러거나 말거나
나는 악성루머를 온전히
흥미롭게 쾌활하게 받아들이는 척을 했지
그림자야 나는 지금의 내가 좋아
넌 한 번도 은밀한 태도를 가져 본 적 없지

2.
태양은 핀 라이트처럼 나만 비춘다
선글라스 뒤편에선
집요한 멜라닌 색소들이 가득하다
장담하건대 파라솔 아래 사람들이
하나도 부럽지 않다

모래 위 해먹이 살랑일 때마다
자외선을 흡수하는 건 나의 몫
시시각각 신선한 햇빛이 등을 타고 내려와
나는 구릿빛 위에 구릿빛을 입힌다
데인 흉터를 스스로 감추듯이
드디어 오래된 기억까지 새카맣게 태운다
그러나 이것은 견딤이 아니라
당신들이 보라고 끝까지 드러내는 방식이야

심장의 안쪽

365일 작별 인사로 가득한
심장은 언제나 블랙
오전의 벽이 오후의 벽을 밀어낼 때
오후의 문이 저녁의 문과 다른 표정을 가질 때
왼쪽을 닫고 오른쪽을 열고 있는
또 다른 나를 발견한다
흔히 말하는 나의 슬픔은
항상 한쪽으로만 기운 숲 같아서
심장의 울림으로 만든 절벽을 품고 있다
아슬아슬하게 매달려 있는 기연의 끈
혹은 사랑의 시작과 끝
조급해하면 할수록 내몰리고 쏠린다
어둠은 달아나지 않고 무겁게 조여온다
차가운 노을 속 편견이 단단해지면
분리된 세계
정지된 적요
멈춘 시간이
스스로 수축과 이완을 반복하고
나를 그만 내려놓는다
눈을 감으면 선명하게 다가오는 목소리
추락을 두려워하지 않는 무의식

손끝과 발끝에서
두근거리는 떨림과 끌림과 온기가 빠져나가고
마침내 적막과 숨소리의 차이는 지워진다
홀로 남은 방을 이젠 관이라 불러야 할까
내 심장은 이제 365일 더 이상 날짜를 세지 않아도 된다

적월(赤月)

  나의 태몽은 달꿈이었다는데 사람들은 수군거렸어 불행에게도 씨앗이 있다나 뭐라나, 뭐든지 내 탓만 했거든

  월면의 안쪽까지 읽어본 적 없으니 모르지

  낯가림이 여간 심했어야지 아빠가 몰래 데려온 왼손잡이인 나는 자꾸 얼굴이 빨개졌지 달그림자가 드리운 밤엔 살짝 드러난 골방보다 더 음산한 아이가 내 안을 찢고 있었으니까

  낮엔 더욱 붉은 얼굴이 되어 붉은색으로 물든 것들과 놀았지 대추나무 아래엔 붉은 그늘 붉은 뱀 붉은 쥐며느리 붉은 사금파리가 몰려들었고

  캄캄한 구석에서 울고 있는 나를 아무도 발견하려 들지 않았지 창고 안을 가득 채운 으스스한 생쥐들의 시신 더미 속에서 흔들림 없는 공포에 빠져있는 동안

  지나가는 개미들에게서부터 입을 벌린 거미에게까지 모든 것을 설명하기엔 턱없이 왼쪽이 부족하다는 것을

알고 있었지 송장 냄새를 뿜어내는 들고양이의 한숨처럼 나의 고백은 멈추지 않았지

 지치지 않은 달과 고요한 별에 대해, 밤을 혼자 날아가는 새에 대해, 멀리 달아나는 질문의 태도에 대해 자꾸 되묻곤 했었지

 왜 나에게 단 한 사람이라도 왼손이 중요하다고 말해주지 않았을까 붉은색 안에는 불온한 것들로만 가득 차 있다고 붉은색은 처음부터 내게 속삭여주지 않았을까

 서로가 가진 주저흔을 보여주지 않기 위해 달과 내가 아프지 않은 쪽을 향해 아무도 모르게 기침을 하고 있었는지도 모른다 그러니 365일 달은 내게 붉은 달, 피고름으로 꽉 차 있는 달

사과는 비밀을 먹고 무럭무럭

 사과나무 아래를 같이 서성이던 낯선 동생은 사과향이 나는 발을 가졌어요 주워온 아이, 아니 데려온 아이, 엄마는 물건만 주워온다고 했어요 동생에게 사과해, 사과를 따서 동생에게 줬어요 이건 진짜 사과야 몰래 먹어, 몰래 먹지 않고 몰래 버렸어요 그때부터 하천은 비밀이 많아요 둥둥 떠다니던 사과, 어디까지 흘러가다가 뒤돌아 봤을까요

 나중에 나중에 알았어요 동생이 진짜이고 내가 가짜였어요 엄마는 내게 끝까지 변명하지 않았어요 그런데 동생이 시름시름 앓았어요 발에서는 사과향이 안 났어요 사과는 썩을 때 향기가 가장 진한데, 뱀들이 사과 대신 동생 발을 휘감았나 봐요

 울음소리와 신음소리가 꿈속까지 굴러와 잠을 잘 수가 없었어요 여름밤은 길고 또 긴데, 사과는 점점 클라이맥스를 향해 차오르는데, 끝끝내 발을 태양 앞에 내밀지 못했어요 물에 뜬 사과처럼 과수원 끝자락에 무덤 하나 솟았어요 가장 탐스럽고 사랑스러운 사과, 벌레가 하나도 갉아먹지 않은 매끄러운 사과를 골라 가만히 발 쪽에 놓아두었어요

■ 해설

소문의 세계와 언어의 운명

황유지(문학평론가)

1. 소문의 세계, 불화하는 관계

 '소문'이 쌓아 올리는 권력의 속성이라는 되돌아오는 타자성과 주체의 발설 욕구에 대해서라면 우리는 「소문의 벽」을 통해 이청준이 마주한 당대라는 현실 인식과 재현의 윤리라는 태도에 대한 작가의 통찰을 읽은 바 있다. 이 소설을 관통하는 내·외부를 둘러싼 시선에 대한 고민은 여전히 유효한 작가의 '자기 검열'이라는 중층적 과제이기도 하다. 여기, 김숙영 시인은 그런 소문의 세계를 다시 한번 우리 앞에 열어젖히며 세계의 불편한 진실을 발설한다. 그것은 어떤 세계인가?
 소문은 흉문, 가십, 수군거림, 독설, 음모, 비난과 같이 온갖 부정적 변주를 통해 시인의 세계에 배치된다. 이러한 소문은 "파장을 불러오고" "여러 번 굴절"되는 속성(「프리즘」)으로 "분주한 시선"과 "선한 관심"을 둘러쓴 "악성 루머"(「나는 그림자를 닮은 게 싫어서 선탠을 한다」)로 떠다닌다. 소문의 세계에서 진실은 궁구하기 힘든 모호한 것이기 마련인데, 그것은 독특한 자생의 방법론으로 여러 사람을 타고 넘으며 몸체를 변형한다.

  소문은 처음에 그것이 무엇이든 간에 발화라는 작용에 의해 뒤덮이거나 가리워지고 오로지 전유로만 존재하는(혹은 존재하지 않는) 비실체이다.

>거짓말에도 색깔이 있다고 믿는 당신
>흰색을 좋아하면서 왜 붉은색을 내밀고 있나요
>
>당신이 깜짝 놀라도록
>이젠 초록색을 줄게요
>
>본색보다 매력적인 붉은 색을
>이젠 눈동자 속에 심어봐요
>
>은밀한 것으로부터 뿌리가 뻗고
>하루 만에 이중적인 줄기가 자랄 거예요
>
>따로 물을 줄 필요는 없어요
>
>오래된 벽화에 채색된 입술이 갈라진 것처럼
>다닥다닥 붙어있는 진실들이
>천천히 와해 되고 말 거예요

명랑한 태도가 수많은 기억을 깨우겠죠
　　오늘만 사는 당신은 또 다른 색을 찾겠지만
　　이젠 틈이 없어요

　　숨 막히게 다정한 척을 해도
　　하루 만에 퇴화한다는 걸 알아야 해요
　　퇴화조차 또 다른 이중성이니까

　　그때 흘린 눈물을 참회라고 부르지 말아요
　　뻔한 본색의 결과는 이미 당신 안에 있으니

　　이젠 눈으로만 말해요
　　그 눈빛으로만 나도 대답할게요
　　　　　　　―「당신은 무슨 색 거짓말을 좋아하나요」 전문.

「소문의 벽」에서 감시의 눈이면서 권력의 논리를 흡수해 스스로 높이를 강화하는 재생산 메커니즘이라는 소문은, 시인의 세계에서는 타자의 시선이라는 모습으로 존재를 압박해온다. 그래서 시적 화자는 "타인들 앞에 설 때마다/ 자꾸 두꺼워지는 습관"(「슬픔에 대한 예의」)으로 제 안의 "광기를 숨"기기 위해 "세상에 없는 본색을 연출"하는 메두사 화장법을 터득하는가 하면(「그래서 내가 터득한 건 메두사 화장법」), "흉터를 스스로" 감추려고 "기억까지 새카맣게"(「나는 그림자를 닮은 게 싫어서 선탠을 한다」) 태우는 방식으로 소문의 세계를 통과하려 한다. 그런 세계는 스스로 진화하고 부유하는 것이라 실체를 잡아내기 어렵고 원본은 애초부터 그러쥘 수도 없다. 그래서 시적 화자는 자주 불화하는데, 그런 관계의 실패는 "어제 속에 있"고 "처음 속에만 있을"(「입술의 기억」) 것 같은 '당신'의 실체를 짐작하게끔 하는 식으로 소문의 세계에서 화자만을 돌올하게 남겨지게 한다.

「소문의 벽」에서 인물에게 '전짓불'이란 선택을 종용하면서도 판단의 근거를 모조리 감추어 버리는 상징물로 외부에서 비추이는 강렬함으로 맹안을 요구하는 것이면서도, 인식의 내부에 똬리를 틀고 앉아 자기 검열을 혹독하게 소환하는 힘이었다. 그렇다면 김숙영의 세계에서 이런 '전짓불'은 무엇인가? 그 정체를 밝히기에 앞서 먼저 그것이 어디서부터 연유했는지 기원을 찾아야 한다. 소문은 혼자 누운 침대 위에서마저 "악플러의 입"(스마트폰으로 접속한)을 타고 화자를 들쑤시고(「교차」), "35분"이라는 시간조차 "세계에서 가장 큰 간극"으로 느껴지게 하는데(「프리즘」) 이 세계에서 잠시나마 긍정적인 관계의 경험치로 남은 것, 그것은 '어머니'와의 기억이다.

  소문의 세계에서 사후적 언어로 쌓아올리는 유실된 것들에 대해 우리는 '쌍생아' '왼손' '어머니'와 같은 열쇠어를 부여받음으로써 열어나갈 수 있다. 이는 시적 화자의 자기 동일성 실패의 동인이면서 기원 서사의 코드로 기능한다.

2. 지연된 성장과 슬픔이라는 위안[1]

한 아이가 있다.[2] 부모의 이별과 새어머니의 등장이라는 사건은 이 아이가 자신의 미래를 낙관하지 못하도록 만든다. 이때 아이의 발달은 정지되는데, 자폐적으로 움츠러든 아이는 세상으로부터 떠나 자신에 대해 심하게 실망함으로써 환상을 통해 구출되지 않으면 안 되는 운명을 살게 된다. 브루노 베텔하임은 옛이야기의 해석을 통해 유아기의 고난을 넘어서게 하는 것이 환상의 힘이라고 보았다. 그러나 어떤 아이들은 이 환상을 제법 다른 방식으로 처리하기도 하는데, 그런 경우 구출의 장소성으로서의 환상은 고통의 순간을 박제해버림으로써 사건으로의 현실을 오히려 우화로 만들어버리는 역설을 배태한다. 이런 방식을 '부정의 환상'이라고 임의로 말해본다면, 이 부정의 환상은 진실을 은폐하는 식으로 작동하게 마련이다.

---

1) 론 마라스코, 브라이언 셔프, 『슬픔의 위안』, 김설인 옮김, 현암사, 2019.
  사랑하는 이의 죽음은 남은 이의 삶에 전과 후라는 경계를 드리우는 사건으로 성립한다. 이 책에 소개된 일화에서 수전 손택의 아들은 손택의 죽음 앞에서 그 지연을 원하는 어머니에게 곁에 선 사람들이 아무것도 해줄 수 없었음을 깨달았다며 그때 비로소 자신의 무능함을 보았다고 말한다. 죽어가는 이를 향한 무능의 확인은 이로써 자의식에 타격을 준다. 더불어, 슬픔을 극복하거나 슬픔에 침잠하거나 어느 쪽의 선택을 하더라도 타인의 죽음은 우리에게 죄책감을 안긴다.
  2) 시적 화자가 가상의 인물, 시인의 발화를 대리하는 탈을 쓴 존재에 불과하다는 주지의 사실은, 1인칭 화자를 세울 경우 다시 한번 검열의 대상이 된다. 시인과 화자의 비분리 상태를 유발할 수 있는 시적 고백은 화자를 시인으로부터 독립시켜 전혀 새로운 주체를 세우게도 하지만 자주 시인과 중첩의 상태에 놓이기도 한다. 어느 쪽이 성공이고 실패인지 그것은 시인과 독자의 독립된 판단의 영역으로 물러나며 또한 그것이 언어의 운명임을 이 시집에서는 특히 상기할 필요가 있다.

근대 이후의 이야기라는 것이 자기 서사로부터 출발한 암시라고 할 때 우리는 시인의 대리인, 어린 화자의 이야기를 마주함으로써 자기 서사에 기원을 둔 시적 의도에 한 발 더 깊이 다가설 기회를 얻는다. (사실 어린 화자라는 말은 그의 시에 오롯이 들어맞지는 않는다. 어린 시절을 회상하는 시에서도 초점 화자는 어린아이지만 어른 화자가 자주 개입하는 식으로 중첩되어 있기 때문인데, 그럼에도 어린 화자를 경유해서만이 어떤 에피파니들은 우리 앞에 온전히 드러날 것이다.)

고소설 『설공찬전』에는 저승에서 내려온 '공찬'이 이승의 사람 몸에 들어가 왼손으로 밥을 먹는 이야기가 있다. 저승에서는 이승에서와 달리 왼손으로 밥을 먹기 때문에 왼손으로 밥을 먹는 행위는 귀신 들림, 빙의의 증거로 제출된다. 그렇게 차이로 세계를 분류하는 사고의 찌꺼기는 확실한 근거 없이도 오랫동안 살아남아 별 수고를 들이지 않고도 정당성을 획득한다. 그런 부조리의 세계에서 '할머니'는 어린 화자에게 왼손잡이의 불온함을 심는다(「왼손의 비밀」). 거기에 더해 부모의 결별은 화자로 하여금 생모로부터 인위적인 거리를 벌리게 하며 새어머니라는 존재를 부착시킨다. 그렇게 절기와 사이가 좋았던 어린 화자의 엄마는(「왜 그때 절기와 엄마는 사이가 좋았을까」) 담벼락 바깥에 서 있게 되고(「담벼락 아래」), 새어머니는 '친절'로 무장해 완벽해서 두려운 존재가 된다.

어머니와의 관계는 누구에게나 최초의 인간관계이다. 그리고 성장에 따라 모든 인간은 어머니의 낙원에서 자연스레 추방

된다. 그런데 이것을 혼자만의 내쫓김, 방출로 받아들이게 되는 건 어린 화자가 충분히 납득할 수 없는 사정이라는 변수의 작용 때문이다. 아이를 낳고 젖을 준 어머니의 자리란 때마다 순차적으로 돌아오는 절기처럼 자연스러운 것인데, 새어머니의 존재는 어린 화자에게 부자연스럽게 덧붙는다. 자연스러운 것의 결락과 부차적인 것의 결합은 화자의 성장을 오히려 성급하게 당기는 식으로 방해해서, 화자는 "알면서 모른 척하는(「담벼락 아래」)" 생존법을 익히고 혹시 어머니를 제거하게 된 원인이 자신에게 있을지 모른다는 죄의식마저 품기에 이른다. 자꾸만 자신에게서 붉은 것, 음산한 것을 찾아 읽으려는 화자의 불안은 "내가 가짜(「사과는 비밀을 먹고 무럭무럭」)"라는 자기 확신의 부재와 존재의 의심으로 이어진다.

> 오늘은 고양이가 나를 복제했다
> 밤새 썼다 지운 시를 물고 달아났다
> 가시가 촘촘히 박힌 자학
> 생물로부터 멀어진 이미지들
> 비린내를 풍기며
> 행간을 물어뜯었다
> 언제부터 내가 야행성인 걸 들켰을까
> 밤에 뭐든지 가능해진다는 걸
> 모티브를 품은 마음은 이미 알고 있었다
> 제목도 없이 시는 출발하지만
> 방향과 태도만은 분명했다
> 내게 굶주린 것은 고독이니까

혼자가 아니라는 생각을 품기 위해
나는 유년의 잔상을 모조리 베꼈다
그런데 어느새 하지 말아야 할 것과
해선 안 되는 것에 도달했다
왜 트라우마가 많은 여자아이에게
금기는 주인처럼 등장했을까
그 순간 담을 훌쩍 뛰어넘는 고양이가
내 안으로 들어왔다
경계는 나를 쉽게 허락해 버리고
낙법도 없이 너머에 도달했다
그러나 세계는 끝없이
나를 하찮게 여겼다
오늘도 난 나를 할퀴는 시를 쓴다
고양이로부터 벗어나라고 부추기는
밤을 북북 찢는다

*모방.

─「미메시스」 전문.

관계의 반복적인 실패 요인은 화자의 유년이 가짜, 모조품에 불과하여 그 안에 주체를 세울 수 없기 때문이다. 그것은 어른의 세계이자 언어의 세계인 상징계의 질서에서 공공연한 일이다. 해서 낙법도 배우기 전에 단계를 훌쩍 뛰어 회피성으로 진입한 언어의 세계에서 시는 '나'를 할퀴어대는 수단이 되고 만다.

사랑하는 이를 잃는다는 사건은 자의식 성립에 지대한 영향을 준다. 이런 '잃는' 사건이란 대개 죽음을 뜻하는데, 여기서 김숙영 시의 특이점이 발견된다. 시적 화자에게 엄마에 대한 감정을 확인하는 순간은 죽음이 아니라 담벼락 밖에서 머뭇대다 멀어지는 엄마의 뒷모습에 맺혀있다. 어른들의 사정과는 무관하게 담벼락에서 집으로 진입하지 '못하는' 어머니는 무언가 의지를 저지당한다는 느낌으로 각인되고, 그것이 혹 '왼손'과 같은 '바르지 않은' 속성에 기인한 것이 아닌가 하는 불안이 어린 화자를 지배한다. 가족에 대한 이런 의식은 두 어머니의 죽음으로 오히려 정상화되는데, 그 화해의 순간은 하나의 향(香)으로 분화(焚火)한 두 사람의 기묘한 제사상(「기일」)이라는 풍경에 있다. 어머니의 부재라는 결핍과 새어머니라는 어색한 불협이 죽음이라는 공통분모로 인해 모호함을 벗고 보편성으로 환원되는 것이다. 이때, 두 어머니의 서사는 끝이 나고 어머니들의 "말줄임표" 자리에는 이제 '나'라는 시적 화자의 서사가 들어가게 된다. 슬픔은 이렇게 자기 서사를 통해 그간의 모호함을 통합하는 기회로도 작동한다.

3. 언어의 운명

어항과 거울의 차이를 생각해요
물고기는 갇혀 있어도 주인공인데
거울은 언제나 2인칭만을 보여줘요

내가 나를 가두는 것만 같아요
그런데 둘이 닮은 점도 있어요
질문들을 쉼 없이 쏟아낸다는 거예요
어항 앞에서 한 질문은
한참 전에 젖어 있고
거울 앞에서 한 질문은
방금 전에 깨졌어요
항상 흔들림을 주시하고 있는 프레임
꿰뚫고 있는 독백의 경계
기어이 뾰족한 모서리를
내밀고 말 거에요
어분 대신 금붕어는
말풍선을 받아 먹고
거울은 내가 모르는
자신감을 내밀어요
앙상한 입술에서
속마음이 반복되는 순간
최초의 의미는 물때처럼
프레임 안쪽에 끼어 있겠죠
나의 은둔엔 환기가 필요해요
기척이 없는데도 센서등이 켜지고
창문의 안과 밖이 이질감으로 들끓을 때
진짜 누군가 와서
한 번쯤 노크해도 좋으련만
예감은 와장창 깨지고 말아요
그땐 몽상이 극단적으로 다가와요

거울을 빠져나온 내가
어항 속에 들어가
실어증을 앓는 물고기가 돼요

—「프레임」 전문.

  거울과 어항이라는 투박한 이분법은 화자의 세계관을 둘러쓰고 전시된다. 그런데 "거울은 언제나 2인칭 만을 보여"주고, 질문 앞에서 무참히 깨져 버린다. 반면 어항은 "갇혀 있어도 주인공"일 수 있는 공간이고 젖은 것일지언정 질문을 간직한다. 이런 불안정의 세계에서 믿음직스러운 것은 오히려 '프레임' 쪽이다. 불안은 선 긋기와 규칙이라는 모종의 절대성을 요청하기도 하는 바, 프레임은 지난 물때의 흔적에도 불구하고 퇴행하려는 자에게 유혹이 될 수 있다. '거울'은 자연스레 라캉의 독법으로 읽게 되는데, 거울 속 '나'와의 결별은 이제 상징계로의 진입이라는 수순으로 이어질 터 정상적인 발달의 과정에 있는 '나'는 언어의 세계에서 유영해야 마땅함에도, 어항이라는 폐쇄적인 물의 세계로 들어가 "실어증을 앓는 물고기"가 되길 자처한다. 사실 이런 퇴행으로부터 이 시집은 열리고 있는 것이다.

  이때 프레임은 언어의 사회, 규칙이라는 표상에 포개진다. 그런데 그것은 시적 화자와 불화하던 '소문의 세계' 또한 비실체적인 언어의 세계임을 상기시킨다. 시인은 여기서 발화자를 삭제한 입 없는 말, '관념'을 소환한다. 그러면서도 관념이 "위험한 어항"(「어항」)이라는 것을, 불완전한 자기 수형(受刑)이라는 것을 알고, "거짓말만은 포기하지 않을 거"라고 말하며 "차라리 이중성을"(「성선설과 성악설-피노키오」) 달라고 애원을 한다. 이런 퇴행적 발화는 왜 발생하는가? 최초의 긍정적인 동일시에 대한 실패는 시적 화자가 자기 자신과 주변 상황을 반복적으로 의심하도록 만든다. 일종의 자기보존으로도 보이는 이런 방어기제는 "모든 위로를 거부하고 기억을 초기화"하는 숙제를 하거나 "내가 다른 사람이 되어 나를 노려보"는 식으로 생의 전반에 들러붙는다(「홈워크」).

특정 시어들이 반복적으로 발견된다는 것은 하나의 표상이 공통적으로 향하는 지점에 주목해야 함을 함축한다. 억압된 것들이 돌아오는 형태는 감정이 아니라 표상을 통해서이기 때문이다. 모든 문학적 행위는 어쩌면 정신분석학적이면서도 정신분석적 처방에 역행하는지도 모른다. 그렇기에 시인의 반응과 시선이 어디를 향하고 있는지 다시금 짚어보면, 그것은 바로 '소문'에 닿는다. 이 시집에서 '소문'은 외부인의 특성, 혹은 뭉뚱그려진 타인이라는 시선들이다. '당신'을 '나'에게 오게도 어쩌면 사라지게도 했던 것도 소문이고, 그래서 소문을 피해 숲으로 들어가곤 했던 것이다(「MT」). 왼손의 불온함과 붉은 달이라는 태몽(「적월」)도 어쩌면 먼 데서 오는 소문, 가문의 이야기일 거다. 그렇다면 이런 소문에 대한 감각은 불합리한 상황에서 오는 타인의 말, 그 무의미한 모독일 수 있으면서도 비밀을 시적 운명의 촉매처럼 여겨 자처한 시적 화자의 운명일지도 모른다. 소문과 소문에 대한 감각은 시선의 다른 형태이면서 내 안으로 들어오고 이제 사물에도 달리고 만다. 비로소 화자가 의식한 '전짓불'

의 정체가 밝혀진 것이다. 이 전짓불과 같은 불온한 소문과 무차별적 시선은 '프레임'이 되어 이제 어디에도 착상한다.

그러한 생활 속으로 잠깐 들어가 보자. "싸우는 소리/ 부딪치는 소리/ 엎질러진 여자의 비명"이 들리는 냉장고 속 시선은 '나'와 시선이 마주치자 서로 머뭇거리고(「결벽 증후군」), 팬트리 안에서는 "발효된 이야기들은" 많고 "폭식을 할 때마다" "위기가 각색된다". 집 안에서 "잠들지 못하는 타인과 타인들의 민낯이 겹쳐"지고(「팬트리」) 있는 것이다.

거울이 자꾸 나를 차별해요
외면하기 쉽지 않은데
속마음까지 반사되는 것 같은데
금이 가길 바라는 내 눈동자가 너무 많아요
거실은 항상 내게 결핍을 제공해요
청소기는 왜 일주일째
나를 따라다니지 않나요
개수대에 쌓여있는 그릇들이
친절하게 악취를 풍기고
달력은 모든 기념일을 기념하지 않아요
소파는 안락한 불안을 엉덩이에게 슬쩍 내밀죠
TV는 몰입성이 좋고
일방적이고 적극적인 디지털 방식을 고수해요
공기 정화 식물에게 나의 적막을 말하면
악몽까지 정화시켜 줄까요
이중 커튼이 닫히는 순간 1인극이 시작되죠

> 커튼은 열릴 때가 행복할까요
> 닫힐 때가 행복할까요
> 독방 속 잔여물처럼 남겨진
> 나는 단막극에 너무나 가까운데요
> 시계의 맥박이 매 순간 일정해서 두려워요
> 어둠의 숨소리와 겹쳐
> 동그라미를 빠져나올 수 없을 것 같아요
> 거실은 오로지 나에게 의존하고
> 거울은 이제 차별조차 하지 않아요
>
> ―「차별」 전문.

 실체로의 시선은 하나인데, 거울 속에 눈동자가 또 있다. 그리고 이제 그것은 너무 많다. 청소기, 그릇, 달력, 소파, 시계와 같은 사물은 이제 더 이상 수동적이지 않다. 그것들은 차라리 자의성으로 움직이거나 움직이지 않고, '나'는 그들의 주체성 앞에서 머뭇대는 존재로 선다. 시적 화자가 객체의 자리로 내려 딛게 된 것은 이중 소외에 대한 자기 검열적 고백이다.

 사물의 세계에서 주체화의 실패라는 사건은 시 내부의 언어라는 주인의 자리에서 미끄러지는데 화자는 그러한 언어의 운명을 예견한다. 사실, 모든 언어는 끊임없이 의미 닿기에 실패하고 의미는 더 멀리 달아난다는 것을 우리는 알고 있다. 언어야말로 자의적이고 일시적인 구조물이 아니던가. 그럼에도 우리는 언어를 통해서만이 이 착종의 세계 어딘가에 찰나나마 안착할 수 있다.

  이제 「어항」 속으로 선회하자. '어항'은 열린 물속이 아니다. 그곳은 관념과 마주 앉는 곳이다. 어항 속에서 아가미는 부패하고 산소는 결핍될 것이다. 그래서 관념은 다시 시를 가두는 어항이 된다. 진정한 상태의 독립적 개인으로의 성장은 따뜻한 유년기의 재현 즉 의존적 상태에서 느꼈던 안전하고 만족스럽고 행복한 느낌을 되찾는 여정일 수 있다. 그러나 그런 시기가 유실되었을 때, 우리는 얼마든지 언어를 통한 문학적 재배치를 통해 지연된 성장을 추스를 수도 있다. 이 시의 부제가 '에필로그'인 것은 더는 갇힐 프레임도, 달아날 시어도, 돌아갈 자궁도 없음에 대한 일종의 냉엄한 독립 선언일는지 모른다. 이 시를 기어이 시집 속에 배치함은, 끝내 그 어항이 마지막 세계가 아님을 알고 극복해나가려는 시인의 마음으로 읽힌다.

  오늘도 세상의 한쪽에서는 발 없는 소문과 자기복제와 분화의 비밀들이 위협적으로 자라난다. 그러나 불화와 지연은 마중물이기도 한바, 우리는 그러한 미완성에 물음을 던져주고 그 속도에 발맞추는 문학의 다정함을 안다. 이제 우리는 소문의 벽을, 시선이라는 억압의 전짓불을 부수고 꺼트리고, 저 어항마저 무참히 깨뜨리면서 깊게 웅숭그린 밤으로부터, 시퍼런 바다로부터 시를 낚아 올릴 다음의 김숙영을 기다릴 것이다. 행간을 물어뜯고 밤하늘을 북북 찢던 그 고양이의 왼손을 말이다.

별들이 노크해도 난 창문을 열 수 없고

초판 1쇄 발행일 2023년 1월 11일
초판 3쇄 발행일 2023년 6월 7일

지은이 | 김숙영
펴낸이 | 김미아
펴낸곳 | 더푸른 출판사
편　집 | 하종기

출판 등록 2019년 2월 19일 제 2009-000006호
17785 경기도 평택시 송탄로40번길 46, 101동 1602호
전화 | 031-616-7139
팩스 | 0504-361-5259
E-mail | dprcps@naver.com
홈페이지 | https://blog.naver.com/dprcps

ISBN | 979-11-968107-1-9(03810)

* 책 가격은 뒤표지에도 표시되어 있습니다.
* 지은이와 협의에 의해 인지는 생략합니다.
* 잘못된 책은 구입하신 곳에서 교환해 드립니다.

*값 10,000원